Margret Nußbaum

55 TIPPS ...

wenn Ihr Kind trotzt

CHRISTOPHORUS

55 TIPPS ...

wenn Ihr Kind trotzt

INHALT

Warum Ihr Kind den Zwergenaufstand probt

Ihr Kind war in den ersten beiden Lebensjahren ein richtiger Sonnenschein. Doch nun ist es Ihnen ein Rätsel. Immer öfter wird es wütend, wenn etwas nicht nach seinen Vorstellungen klappt. Es wirft sich zu Boden, schreit und tobt. Das ist kein Grund zur Sorge, sondern eigentlich ein gutes Zeichen. Der Trotz gehört nämlich zum Kleinkindalter wie das Laufen- und Sprechenlernen. Er zeigt Ihnen, dass Ihr Kind gerade dabei ist, sein eigenes Ich zu entdecken. Wutanfälle helfen ihm, mit seinem Frust besser fertig zu werden. Ihr Kind ist ständig zwischen seinen Gefühlen hin- und hergerissen. Bestimmt haben Sie bereits festgestellt, dass oft weder gutes Zureden noch Schimpfen helfen. Was können Sie also tun? Gut es ist, möglichst viel darüber in

Erfahrung zu bringen, warum Ihr Kind immer so trotzig ist. Hilfreich sind klare Grenzen und Absprachen. Nur Kinder, die lernen, dass auch andere Menschen Bedürfnisse haben, werden mit der Zeit fähig, Kompromisse zu schließen. Ihr Kind muss also wissen, was Sie von ihm erwarten. Nur so kann es sich allmählich in seiner Welt zurechtfinden, die in der Trotzphase allzu oft auf dem Kopf steht. Dieses Buch hilft Ihnen, diese schwierige Zeit mit Ihrem Kind besser durchzustehen.

1. Was Sie bei einem Trotzanfall tun können

Es ist gut, wenn Sie auf die ersten Trotzanfälle Ihres Kindes vorbereitet sind. Wichtig ist es, sich immer wieder bewusst zu machen, dass Ihr Kind noch nicht in der Lage ist, seine Wut zu steuern. Eltern, die sich darüber im Klaren sind, können auf den Trotz gelassener reagieren. Ob Sie ihm etwas verbieten oder ob sein Bauklotzturm immer wieder umkippt: Beides kann es auf die Palme bringen. Ihr Kind gerät aus dem Gleichgewicht, fühlt sich überfordert und muss seinen Frust durch Schreien und Toben abreagieren. In diesem Kapitel erfahren Sie, wie Sie Ihrem Kind nach einem Trotzanfall helfen können. Ihr Kind braucht Ihre Hilfe, damit es sich wieder beruhigen kann. Es soll spüren, dass Sie es mit seinem Kummer nicht allein lassen.

Tipp 1

Kümmern Sie sich nicht um Besserwisser!

Wenn Ihr Kind gerade einen Trotzanfall hat, ist es nicht ansprechbar. Es hat also keinen Zweck, zu schimpfen oder ihm gut zuzureden. Damit würden Sie sich selber unter Druck setzen und alles nur noch schlimmer machen. Warten Sie also am besten ab, bis Ihr Kind sich von selbst wieder beruhigt hat. Sie können die Dauer des Trotzanfalls nicht beeinflussen. Versuchen Sie, ruhig zu bleiben – ganz gleich, ob Ihr Kind zwei Minuten oder zehn Minuten schreit und tobt. Natürlich ist das leichter gesagt als getan. Denn je mehr Zuschauer dabei sind, desto eher fühlen Sie sich gedrängt, etwas zu unternehmen. Ignorieren Sie vielsagende Blicke oder Einmischungen von außen. Reagieren Sie am besten gar nicht darauf. Wenn Ihr Kind vom Schreien erschöpft ist, wird es von selber damit aufhören. Die meisten Kinder suchen dann wieder die Nähe der Eltern. Verhalten Sie sich nach dem Trotzanfall so, als sei nichts geschehen. Trösten Sie Ihr Kind, wenn es Trost braucht.

Tipp 2

Spielen Sie kein Theater!

So sehr Ihr Kind bei einem Trotzanfall auch tobt: Es behält Sie ständig im Auge. Dabei achtet es nicht besonders darauf, was Sie sagen. Es registriert vielmehr Ihre Stimmung und Ihre Gefühle. Wenn Sie sich verstellen, durchschaut Ihr Kind Sie genau. Versuchen Sie am besten erst gar nicht, gelassen zu wirken, wenn Sie in Wirklichkeit vor Wut platzen könnten. Kinder lassen sich nämlich kein Theater vorspielen. Sie möchten wissen, woran Sie mit ihren Eltern sind. Ist Ihre Reaktion auf den Trotzanfall des Kindes nicht ehrlich gemeint, wird es nicht eher Ruhe geben, bis es Sie aus der Reserve gelockt hat. Kinder möchten sich an ihren Eltern orientieren und möglichst vorher abschätzen können, wie sie auf diese oder jene Situation reagieren.

Tipp 3

Sanfte Töne beruhigen

Die guten alten Wiegenlieder sind Balsam für die aufgewühlte Kinderseele. Sie beruhigen, weil ihr Rhythmus so gleichmäßig ist. Ein Kind, das bereits als Baby auf diese Art und Weise getröstet wurde, lässt sich auch noch im Trotzalter mit Wiegenliedern friedlicher stimmen. Singen Sie Ihrem Kind vor, wenn es traurig ist oder gerade einen Trotzanfall überstanden hat. Nehmen Sie es in Ihre Arme und wiegen Sie es leicht hin und her. Dabei kommt es anfangs gar nicht darauf an, was Sie singen oder ob Sie falsch singen. Auch die traditionellen Trostverse eignen sich gut zur Beruhigung. Ihr Kind spürt dann, dass es mit seinem Kummer nicht allein ist. Die Verse und Lieder werden zum Ritual, das ihm hilft, sein seelisches Gleichgewicht wiederzufinden.

Tipp 4

Bald ist alles wieder gut

Nehmen Sie Ihr weinendes Kind in den Arm und wiegen Sie es sanft hin und her. Sprechen Sie dazu folgenden Vers:

Genug, genug vom Weinen,
die Sonn wird wieder scheinen.
Die Glocken werden klingen,
die Vögel werden singen.
Die Katzen werden schnurren,
die Tauben werden gurren.
Die Hühner werden gackern,
die Enten werden schnattern.
Die Eisenbahn wird rattern,
das Motorrad wird knattern.
Die Bienen werden summen,
die Bären werden brummen.
Der Gockelhahn wird schrein,
und du wirst lustig sein.

Tipp 5

Toben gegen Frust

Kinder stoßen im Trotzalter ständig an Grenzen. Da baut sich jede Menge Frust auf. Eine ideale Möglichkeit, den Ärger abzubauen, ist körperliche Bewegung. Ermuntern Sie Ihr Kind, bevor es richtig quengelig wird, zu lustigen Tobespielen, etwa diesen beiden:

1. Kissenschlacht

Blasen Sie mehrere Luftballons auf und stecken Sie sie in leere Kissenbezüge. Dann kann die Kissenschlacht losgehen, bei der sich niemand weh tut. Wenn hin und wieder ein Ballon platzt, ist die Gaudi umso größer.

2. Im Zappelland

Ihr Kind macht eine Abenteuerreise in unbekannte Länder. Es geht im Zimmer auf und ab. Immer wenn Sie dreimal in die Hände klatschen, kommt es in ein neues Land. Sie sind die Königin und können bestimmen, wie sich die Menschen dort fortbewegen müssen. Beispiel: „Ich bin die Königin vom Zappelland. In meinem Land sollen alle zappeln.“ Dann gibt es noch das Krabbelland, das Hüpfland, das Rennland. Nach einer Weile tauschen Sie die Rollen. Ihr Kind ist der König.

Tipp 6

Kooperatives Verhalten lernen

Ihr Kind hat noch nicht gelernt, dass auch andere Bedürfnisse haben. Beispiel: Jeden Morgen gibt es Theater, weil das Kind trödelt und nicht einsieht, dass Sie pünktlich im Büro sein müssen. Ihr Kind befindet sich in einem Konflikt. Denn es weiß nicht mehr, wo es langgeht und was Vorrang hat – sein Interesse oder Ihres. Es ist noch nicht in der Lage, Kompromisse zu schließen. Sie können ihm dabei helfen. Wichtig ist morgens ein ständig gleicher Ablauf, an dem Ihr Kind sich orientieren kann. Bieten Sie ihm hin und wieder kleine Anreize. Mit zunehmender Erfahrung und durch Ihre liebevolle Unterstützung lernt Ihr Kind so allmählich kooperatives Verhalten.

Tipp 7

Erste Grenzen ziehen

Ihr Kind muss Erfahrungen sammeln, um seine kleine Welt zu ordnen. Das heißt nicht, dass Sie ihm alles erlauben sollten. Überlegen Sie ganz genau, was Sie ihm verbieten und was nicht. Am besten tun Sie es mit Ihrem Partner gemeinsam. Denn ein Kind spürt schnell, wenn seine Eltern uneins sind. Es wird versuchen, sie gegeneinander auszuspielen. Schreiben Sie kurz auf, welche Grenzen Sie setzen möchten. Überstürzen Sie aber nichts. Lassen Sie Ihre Überlegungen einen Tag lang ruhen und reden Sie dann noch einmal mit Ihrem Partner darüber. Versuchen Sie, sich darüber klar zu werden, ob Sie in der Lage sind, diese Grenzen auch einzuhalten. Denken Sie dabei auch an Ihre wechselnden Stimmungen. Denn oft ist es so, dass Sie heute Dinge erlauben, die Sie vielleicht morgen schon auf die Palme bringen werden. Treffen Sie Ihre Entscheidung also nie aus einer augenblicklichen Laune heraus.

Tipp 8

Hier wird es gefährlich

Wenn etwas nicht nach seinen Vorstellungen klappt, ist das für ein Kleinkind mehr als frustrierend. Noch schlimmer wird es, wenn die Eltern vieles verbieten: „Lass die Finger vom Herd. Das ist viel zu gefährlich!", oder: „Auf dem Gehweg bleibst du an der Hand!" Ein Kind in der Trotzphase weiß nicht, welche Folgen sein Handeln haben kann. Es interessiert sich auch nicht dafür. Denn es hat ja noch keine negativen Erfahrungen gemacht. Es weiß nur, dass seine Eltern ihm Steine in den Weg legen wollen. Und dagegen protestiert es. Es gibt jedoch Situationen, die für ein Kleinkind wirklich gefährlich werden können: heiße Herdplatten, spitze Scheren, scharfe Messer, die Straße. Gar keine Frage: Hier müssen Sie sich durchsetzen und Ihr Kind fest an der Hand halten – auch wenn es noch so zappelt und sich losreißen möchte. Die Gefahr, dass es auf die Straße läuft und von einem Auto angefahren wird, ist viel zu groß.

Tipp 9

Wenn Ihr Kind vor Wut kocht

Manchmal geraten Kinder vor Wut so außer sich, dass sie blau anlaufen. Ihnen bleibt im wahrsten Sinne des Wortes die Luft weg. Kein Grund zur Aufregung. Die Atmung Ihres Kindes setzt automatisch wieder ein. Doch es fällt Eltern schwer, einen solchen Anfall mit ansehen zu müssen. Sie möchten Ihr Kind so schnell wie möglich beruhigen. Was Sie tun können: Wischen Sie Ihrem Kind mit einem feuchten Waschlappen durchs Gesicht. Klopfen Sie ihm sanft auf den Rücken oder wiegen Sie es liebevoll in den Armen. Geben Sie aber auf keinen Fall nach. Erlauben Sie also nichts, was Sie vorher noch verboten haben. Wenn Ihr Kind nämlich spürt, dass es Sie mit solchen Anfällen aus dem Konzept bringen kann, wird es sie von nun an öfter als Druckmittel einsetzen.

Tipp 10

Kinder wollen forschen

Jeden Tag entdeckt Ihr Kind neue Fähigkeiten. Seine Entwicklung macht Riesenfortschritte. Das überrascht es zuweilen selbst. Und es fühlt sich ganz groß. Es ist in einem richtigen Rausch und möchte alles Mögliche ausprobieren, auch wenn Sie damit nicht einverstanden sind. So kommt es, dass Kinder pausenlos Lichtschalter an- und ausknipsen, das Fernsehgerät ein- und ausschalten, Türen öffnen und wieder schließen. Es ist für Ihr Kind faszinierend, wenn es feststellt, dass immer dann das Licht angeht, wenn es auf den Schalter drückt. Oder dass plötzlich Bilder und Töne aus dem viereckigen Kasten kommen, die es sofort per Knopfdruck wieder verschwinden lassen kann. Wenn Sie sich dessen bewusst sind, ertragen Sie diese Phase besser. Geben Sie Ihrem Kind genügend Freiheit, all die interessanten Dinge auszuprobieren. Umso schneller wird es die Zusammenhänge zwischen seinem Tun und der Wirkung erkennen. Es verliert dann bald das Interesse am ständigen Drücken von Schaltern und Knöpfen.

Tipp 11

Bauen Sie Ihrem Kind eine Brücke!

Oft werden Kinder wütend, weil sie nicht in der Lage sind, sich zu entscheiden. Genau das können Eltern sich nicht vorstellen. Denn sie treffen von morgens bis abends Entscheidungen, ohne sich dessen bewusst zu sein. Wir Erwachsenen lassen uns von der Vernunft oder von unseren Lebenserfahrungen leiten. Ist es kalt, ziehen wir warme Sachen an. Kleinkinder haben damit Probleme. Denn sie verfügen noch nicht über den Erfahrungsschatz ihrer Eltern. Ein Kind, das bei Kälte anstelle des Pullis ein T-Shirt anziehen möchte, weiß noch nicht, wie unangenehm frieren ist. Natürlich sollten Sie nicht zulassen, dass Ihr Kind bei Kälte zu dünn angezogen ist. Bauen Sie ihm eine Brücke, indem Sie es zwar selber entscheiden lassen, aber dennoch die Fäden in der Hand behalten. Bei der Frage „T-Shirt oder Pulli" könnte das so aussehen: Legen Sie Ihrem Kind morgens mehrere Pullis und Hosen heraus. Lassen Sie es selber sein Outfit zusammenstellen. Dann kommt es erst gar nicht mehr auf die Idee, nach dem T-Shirt zu fragen.

Tipp 12

Nein bedeutet nicht immer nein

Das Wörtchen nein gehört in der Trotzphase zu den Lieblingswörtern Ihres Kindes. Es übt das Neinsagen in allen möglichen Situationen ein. Es möchte einfach seinen Willen durchsetzen. So kommt es vor, dass Ihr Kind etwas ablehnt, das es eben noch tun wollte. Ein Beispiel: Sie kündigen an, dass Sie Ihr Kind gleich baden werden. Es sagt energisch nein. Doch gleichzeitig holt es sein Wasserspielzeug. Eine solche Ambivalenz ist im Trotzalter ganz normal. Messen Sie dem Nein Ihres Kindes also am besten nicht zu viel Bedeutung bei. Es handelt sich nämlich nicht um eine bewusste Entscheidung für oder gegen etwas. Ihr Kind beginnt ganz einfach nur, nach eigenen Entscheidungen zu suchen. Grundsätzlich wird es jetzt immer nein sagen, wenn Sie es um etwas bitten. Doch das heißt dann noch lange nicht, dass es auch dabei bleibt. Ihr Kind möchte nur die Spielregeln festlegen.

Tipp 13

Wenn Eltern die Wut packt

Geraten Sie öfter in Wut und reagieren vielleicht sogar unkontrolliert, ist es Zeit, sich selbst zu fragen: In welchen Situationen kommt es dazu? Ist es etwa immer dann der Fall, wenn Sie mit Ihrem Kind allein sind? Vielleicht finden Sie mit Ihrem Partner oder einer Freundin eine Lösung, wie Sie den Stress mindern können. Oft ist ein gesunder Abstand zum Kind gut. Vielleicht kann die Oma ein- oder zweimal in der Woche das Kind betreuen. Oder der Vater übernimmt abends und am Wochenende mehr Pflichten. Stress entsteht aus einer Art Ohnmacht. Vor allem Mütter, die den ganzen Tag mit ihrem Kleinkind zusammen sind, fühlen sich ausgelaugt und überlastet. Sie brauchen dringend Zeiten zum Ausruhen.

Tipp 14

Rollenspiele machen Ihr Kind selbstständig

Es dauert eine Weile, bis Ihr Kind gelernt hat, Entscheidungen zu treffen. Bis es so weit ist, können ihm Spiele helfen, bei denen es darauf ankommt, schnell zu entscheiden. Wenn Ihr Kind das immer wieder einübt, fallen ihm auch im Alltag Entscheidungen leichter. Hier ein Beispiel: Spielen Sie mit Ihrem Kind Dschungel. Es soll entscheiden, welches Tier es darstellen möchte und welches Sie spielen sollen. „Ich wäre der Löwe und du der Tiger“ oder „Ich wäre der Affe und du die Schlange“. Rollenspiele lassen sich immer zwischendurch einbauen, etwa beim Spazierengehen: „Ich wäre ein Auto und du eine Eisenbahn.“

Tipp 15

Hilfe vom Teddybären

Manchmal kann der Teddybär oder ein anderes Kuscheltier zu Ihrem Verbündeten werden. Schlüpfen Sie in die Rolle des Bären oder des Kuschelhasen, wenn Ihrem Kind eine Entscheidung schwer fällt. Ein Beispiel: Ihr Kind kann sich beim Abendbrot nicht entscheiden, ob es lieber Wurst oder Käse mag. Der Teddybär macht sich ein Brot und belegt es mit Käse. Er reibt sich das Bäuchlein vor Wohlbehagen. Mmmh, das schmeckt! Es dauert nicht lange, und Ihr Kind wird auch Käse verlangen. Der Teddybär kann in vielen Bereichen die Rolle des Vermittlers übernehmen, ohne dass Ihr Kind es bemerkt. Im Gegenteil. Es macht ihm großen Spaß, wenn Sie sein Lieblingstier immer wieder ins Alltagsgeschehen mit einbeziehen.

Tipp 16

Hindernisparcours

Auch bei diesem Spiel geht es um Entscheidungen. Darüber hinaus macht es Ihrem Kind Spaß, beim Klettern seine Kräfte zu erproben. Bauen Sie im Wohnzimmer eine Bewegungslandschaft mit Hindernissen auf. Ihr Kind soll sich bei jedem Hindernis entscheiden, was es macht. Es kann unter einem Stuhl durchkrabbeln oder darüber steigen. Es kann sich über eine Matratze rollen oder darüber hopsen. Es kann über eine Kiste steigen oder um sie herumlaufen. Lassen Sie Ihr Kind vorlaufen und machen Sie ihm dann alles nach. In der nächsten Runde werden die Rollen getauscht.

Tipp 17

Lassen Sie Ihr Kind helfen!

Lassen Sie Ihr Kind möglichst viele Erfahrungen im Haushalt machen. Es ist nämlich mächtig stolz, wenn es Ihnen helfen darf. Sicher werden Sie dann für die einzelnen Hausarbeiten länger brauchen. Aber das zahlt sich aus. Denn Kinder, die helfen dürfen, sind zufrieden und fühlen sich ernst genommen. Wenn Ihr Kind Kartoffeln wäscht, unzerbrechliche Einkäufe in Schränke und Regale räumt, den Tisch deckt oder auch mal einen Pudding rühren oder Teig kneten darf, hat es keine Zeit zum Quengeln. Machen Sie sich also die Helferlaune Ihres Kindes zunutze. So können Sie manchen Trotzanfall vermeiden.

2. Wie Sie den Familienalltag problemloser gestalten können

Von morgens bis abends kommt es im Alltag mit Kleinkindern zu Konflikten. Es vergeht kaum eine Stunde am Tag, in der es nicht zu Interessenskonflikten zwischen Ihnen und Ihrem Kind kommt. Ihr Kind kann sich nicht vorstellen, warum Sie pünktlich am Arbeitsplatz sein müssen. Es weiß noch nicht, warum Sie Termine pünktlich einhalten müssen und sieht nicht ein, dass es deshalb sein Spiel unterbrechen soll. Ihr Kind interessiert sich nicht dafür, dass Sie abends müde sind und auch mal Ruhe brauchen. Im Gegenteil: Ausgerechnet wenn Sie nervös und abgespannt sind, möchte es das Einschlafritual verlängern. Hilfreich ist es, sich immer in die jeweilige Situation des Kindes hineinzuversetzen. Umso mehr Verständnis werden Sie für sein Verhalten haben. Oft können kleine Tricks helfen, den Alltag mit einem trotzenden Kind problemloser und konfliktärmer zu gestalten. In diesem Kapitel erfahren Sie, wie Sie es schaffen können, Ihre Interessen und die Ihres Kindes unter einen Hut zu bringen. Dabei geht es auch darum, wie Sie Ihrem Kind helfen können, erste Kontakte zu Gleichaltrigen zu knüpfen.

Tipp 18

Sorgen Sie für einen guten Start!

Wichtig ist eine gute Grundstimmung, wenn der Tag beginnt. Stehen Sie so früh auf, dass Sie genug Zeit haben. Dann läuft alles reibungsloser ab. Am besten bereiten Sie abends alles vor: Tisch decken, Kleidung herauslegen, aufschreiben, was Sie heute erledigen müssen. Sorgen Sie dafür, dass Sie vor allem beim Frühstück genug Zeit haben. Sie können Trödelei und Trotz vermeiden, wenn Sie Ihrem Kind etwas Schönes in Aussicht stellen. Bringen Sie an einer Ziffer der Uhr einen kleinen Klebestern an. Sagen Sie dann: „Wenn wir mit dem Frühstück und mit dem Anziehen fertig sind, bevor der große Zeiger der Uhr auf dem Stern steht, kann ich dir noch eine kleine Geschichte vorlesen."

Tipp 19

Kleine Aufmerksamkeiten

Wenn Sie morgens feststellen, dass Ihr Kind nicht so gut drauf ist, können Sie mit einer kleinen Überraschung die schlechte Laune fortzaubern. Hier einige Ideen:

1. Verstecken Sie einen kleinen Schokoladenkäfer – vielleicht zwischen zwei Brötchenhälften, mitten in einem Käseloch, auf dem Stuhl des Kindes oder auf dem Kopf des Teddys.

2. Legen Sie aus Bauklötzen eine Spur, die bis zu einem winzigen Überraschungspäckchen führt. Ihr Kind darf es auspacken.

3. Ganz heimlich haben sich drei kleine Räuber (Gummibärchen) ins Haus eingeschlichen. Ihr Kind ist der Polizist. Es soll die Räuber suchen und einfangen.

Tipp 20

Selbstständigkeit unterstützen

Vielleicht hat Ihr Kind gerade gelernt, sich den Pulli selber anzuziehen. Nun möchte es natürlich seine neue Fertigkeit einüben – auch wenn Sie gerade in Zeitnot sind. Das Anziehen des Pullis wird vielleicht zwei Minuten dauern. Aber der Zeitaufwand steht in keinem Verhältnis zu der Zeit, die Ihr Kind benötigen würde, um sich nach einem Trotzanfall wieder zu beruhigen. Ihr Kind versteht in einem solchen Fall nicht, warum es sich heute nicht selber anziehen soll, wo Sie es doch gestern erst für seine Selbstständigkeit gelobt haben.

Tipp 21

So fällt Ihrem Kind das Anziehen leicht

Mit etwas Voraussicht können Sie Ihrem Kind die ersten Versuche erleichtern, sich selbst anzuziehen. Das spart Zeit und Nerven und baut manchem Trotzanfall vor. Kaufen Sie nur Sachen, die Ihr Kind allein an- und ausziehen kann, etwa Hosen mit Rundum-Gummizug, Pullis und Sweatshirts mit dehnbarem Halsausschnitt. Mit knapp drei Jahren ist Ihr Kind in der Lage, Strümpfe und Schuhe mit Klettverschluss selbst anzuziehen. Manchmal verwechselt es jedoch rechts und links. Sie können Ihrem Kind beim Unterscheiden helfen. Malen oder kleben Sie auf die Innenseiten der Schuhe je ein Tier, etwa ein Krokodil. Erklären Sie Ihrem Kind: „Die beiden Krokodile mögen sich sehr gern. Deshalb musst du die Schuhe auch so anziehen, dass die Krokodile immer zusammen sind."

Tipp 22

Ihr Kind weiss selber, wann es satt ist

Mütter ängstigen sich oft, ihr Kind würde nicht genug oder zu viel Ungesundes essen. Keine Sorge. Kinder haben ein natürliches Sättigungsgefühl. Sie wissen selber genau, wann sie satt sind. Bewerten Sie auch bestimmte Vorlieben Ihres Kindes nicht zu hoch. Lassen Sie es getrost eine Woche lang nur Kartoffeln zu Mittag essen, wenn es das möchte. Garantiert wird es nicht lange dauern, und Ihr Kind wendet sich wieder anderen Lebensmitteln zu. Je mehr Aufhebens Sie ums Essen machen, desto trotziger wird Ihr Kind darauf reagieren. Sorgen Sie für eine angenehme, entspannte Atmosphäre am Familientisch. Vermeiden Sie Streit oder Hektik. Beides schlägt nicht nur Ihrem Kind, sondern auch Ihnen auf den Magen.

Tipp 23

Tricks aus der Küche

Wenn Sie Ihrem Kind erzählen, wie gesund Rohkost und Vollkornbrot sind, interessiert es das nicht im Geringsten. Sie könnten damit sogar das Gegenteil bewirken. Denn je mehr Sie eine Sache anpreisen, desto eher wird sich das Kind dagegen auflehnen. Versuchen Sie einfach, ihm gesundes Essen durch Tricks schmackhaft zu machen. Hier zwei Beispiele.

1. Geben Sie einem Gemüsegericht einen abenteuerlichen Namen, etwa Käpt'n Blaubärs Seemannskohl oder Dornröschens Festtagsschmaus.

2. Laden Sie die Puppen und Stofftiere Ihres Kindes zu einem Festschmaus in der Küche ein. Schneiden Sie Möhren, Kohlrabi, Radieschen, Gurken, Äpfel und Birnen in Scheiben oder Schnitze und richten Sie sie dekorativ auf Tellern an. Wenn Sie bei diesem Spiel mitmachen, bleibt garantiert nichts übrig. Und Ihr Kind hat seine Vitamine bekommen – ganz ohne Aufhebens und Machtkämpfe.

Tipp 24

Nehmen Sie das Spiel Ihres Kindes ernst

Reißen Sie Ihr Kind nie plötzlich aus seinem Spiel heraus. Kündigen Sie rechtzeitig vorher an, wenn Sie mit ihm fortgehen möchten. Für Kinder ist Spielen nämlich viel ernster, als Erwachsene meinen. Ein Beispiel: Ihr Kind spielt gerade Krankenhaus. Sie drängen zur Eile, aber Ihr Kind weigert sich, sein Spiel zu beenden. „Zuerst muss der Teddybär operiert werden", verlangt es. Da Sie ohnehin schon etwas in Eile sind, vertrösten Sie Ihr Kind auf später und möchten es anziehen. Es wehrt sich mit Händen und Füßen, Ihre Nervosität steigert sich. Schließlich brüllt Ihr Kind seinen ganzen Ärger heraus. Die Stimmung ist dahin. Den Einkauf können Sie im Augenblick vergessen. Was könnten Sie in einem solchen Fall tun? Am besten bieten Sie Ihrem Kind beim Spielen Hilfe an: „Der Teddybär muss operiert werden. Ich helfe dir, denn ich bin jetzt auch eine Ärztin." Es dauert nicht lange, und Ihr Kind ist garantiert bereit, mit Ihnen zum Einkaufen zu gehen.

Tipp 25

So lernt Ihr Kind, mit anderen zu spielen

Für Eltern ist es besonders belastend, wenn ihr Kind seine Wut an anderen auslässt, etwa auf dem Spielplatz. Wenn etwas nicht so klappt, wie Ihr Kind es sich vorstellt, kommt Frust auf. Dann gehen die Gefühle mit ihm durch. Es weint und quengelt oder schlägt einfach zu, weil es seine Wut nicht in Worte fassen kann. Ein Beispiel: Es gibt Streit um den Bagger. Bevor es schlimmer wird, könnten Sie vorschlagen: „Das ist wirklich ein schöner Bagger. Da hätte auch ich Lust, Baggerführer zu sein. Damit jeder von euch mal baggern kann, solltet ihr euch abwechseln. Zuerst bist du der Baggerführer und dann du." Kleine Kinder kommen nämlich oft nicht auf das Naheliegende. Sie müssen zum Beispiel erst lernen, dass man auch teilen kann und dadurch Kontakt zu anderen Kindern bekommt.

Tipp 26

So klappt Einkaufen ohne Stress

Immer wieder kommt es beim Einkaufen mit Kindern zu unschönen Szenen. Vor allem die Warteschlange an der Kasse wirkt auf ein Kind im Trotzalter oft wie ein Signal: „Hier ist es langweilig, und den Schokoriegel oder Lutscher bekomme ich sowieso nicht. Mal sehen, ob Mama sich vielleicht diesmal herumkriegen lässt!“ Und schon beginnt der Kampf um die heiß begehrte Süßigkeit.

Manchmal geben Eltern dann wirklich nach. Sie wollen anderen Wartenden kein Schauspiel bieten. Sie können Trotz beim Einkaufen vermeiden, wenn Sie Ihr Kind mit einbeziehen. Kinder helfen gern. Sie sind stolz, wenn sie Dinge in den Einkaufswagen packen dürfen. Lassen Sie Ihr Kind mit entscheiden, etwa: „Sollen wir lieber Bananen oder Birnen kaufen?“

Tipp 27

Grosseinkauf ohne Kind

Machen Sie Ihren Großeinkauf am besten ohne Kind. Die hektische Betriebsamkeit in einem großen Supermarkt, die ständige Musikberieselung und die schlechte Luft machen müde. Ihrem Kind wird es schnell langweilig, und es beginnt zu quengeln. Planen Sie also Ihren Einkauf so, dass Ihr Kind solange von jemand anderem betreut wird. Machen Sie kleinere Einkäufe, etwa zum Obst- und Gemüsemann oder zum Bäcker, gemeinsam. In kleineren Läden schenkt man Ihrem Kind mehr Beachtung. Hier ist es nicht so anonym wie im Supermarkt. Und so ganz nebenbei erfährt Ihr Kind etwas über Obst- und Gemüsearten und über verschiedene Brotsorten.

Tipp 28

Pflegen Sie Rituale!

Nehmen Sie sich, wenn Sie von der Arbeit heimkommen, erst mal etwas Zeit für Ihr Kind. Darauf hat es Anspruch, denn es hat Sie ja lange nicht gesehen. Es hat tagsüber so viel erlebt, dass es das erst mal loswerden möchte. Pflegen Sie ein bestimmtes Ritual, das jeden Abend gleich ist. Ihr Kind spürt dann: Nun sind Mama oder Papa wieder zu Hause und für mich da. Hier einige Ideen:

1. Setzen Sie sich mit Ihrem Kind immer an den gleichen Platz. Vielleicht im Kinderzimmer in seiner Kuschelhöhle, auf dem Sofa im Wohnzimmer oder an den Küchentisch.

2. Trinken Sie gemeinsam eine Tasse Kakao. Lassen Sie Ihr Kind erzählen. Fragen Sie interessiert nach dem, was es erlebt hat.

3. Machen Sie mit Ihrem Kind einen Spaziergang. Es ist gut, wenn er immer an den gleichen Ort führt, etwa zum Spielplatz oder zu einer Wiese mit Kühen.

Tipp 29

Wenn Ihr Kind den Rambo spielt

Greifen Sie ein, bevor Ihr Kind anderen Kindern Schaden zufügt. Schimpfen und drohen Sie nicht, sondern sagen Sie eindeutig: „Stopp! So geht das nicht!" Nehmen Sie Ihr Kind fest an die Hand oder auf den Arm und gehen Sie mit ihm fort. Reden Sie mit ihm, wenn es sich wieder beruhigt hat. Machen Sie Ihrem Kind dann klar, dass es durch Schlagen, Beißen oder Kratzen niemals zum Ziel kommt. Erklären Sie ihm, was an seinem Verhalten nicht okay war: „Es tut dem Kind weh, wenn du ihm mit der Schaufel auf den Kopf schlägst." Wiederholen sich Aggressionen, trennen Sie Ihr Kind von den anderen. Kündigen Sie an, dass Sie beim nächsten Mal nach Hause gehen werden. Achten Sie aber dann auch darauf, dass Sie Ihre Drohung wahr machen. Kinder müssen einmal angedeutete Konsequenzen spüren, damit sie Wirkung zeigen. Bieten Sie Ihrem Kind aber zu Hause kein Ablenkungsprogramm. Es soll merken, wie langweilig es ist, ganz allein zu spielen.

Tipp 30

Kinder brauchen Chaos

Kinder sind nicht unordentlich, um ihre Eltern zu ärgern. Sie entfalten ihre Kreativität oft nur am besten im größten Chaos. Mütter und Väter fragen sich vielleicht, warum ihr Kind gestern einen Wutanfall bekam, als sie abends im Kinderzimmer Ordnung schaffen wollten. Wahrscheinlich steckt eine ganz einfache Erklärung dahinter. Für Ihr Kind können Bauklötze verschiedene Funktionen haben. Einmal baut es damit Türme, ein anderes Mal werden sie zu Strohballen für den Bauernhof oder Postpaketen umfunktioniert. So ist es kein Wunder, wenn Ihr Kind die Bauklötze nicht in die entsprechende Kiste einordnet. Räumen Sie ungefragt hinter dem Kind her, wird es wütend. Es setzt voraus, dass Sie wissen, wofür es die Bauklötze gerade braucht. Die beste Methode: Akzeptieren Sie die eigene Ordnung Ihres Kindes. Wenn es ausgiebig in seinem Reich spielen darf, stiftet es nicht so schnell Chaos in Ihrem Wohnbereich.

Tipp 31

Beziehen Sie Ihr Kind mehr ein!

Rechnen Sie damit, dass Ihr Kind sich nicht gerade von seiner Schokoladenseite zeigen wird, wenn Besuch kommt. Bei Änderungen im gewohnten Tagesablauf reagieren Kinder nämlich oft unsicher. Das gilt vor allem, wenn ihnen plötzlich weniger Aufmerksamkeit geschenkt wird als sonst. Beziehen Sie Ihr Kind deshalb in die Vorbereitungen auf den Besuch mit ein – vor allem, wenn ein Fremder kommt. Erzählen Sie ihm, wie er aussieht, was er arbeitet und wie lange Sie ihn schon kennen. Beteiligen Sie Ihr Kind an Arbeiten wie Einkaufen, Kochen, Tisch decken. Vielleicht darf es sich für den Gast eine Überraschung ausdenken – ein selbst gemaltes Bild etwa.

Tipp 32

Den Ärger am Abend vergessen

Auch wenn Ihr Kind tagsüber quengelig war, sollten Sie abends Ihren Ärger darüber vergessen. Versuchen Sie, etwas Abstand zu gewinnen und überlegen Sie, was der Tag Schönes gebracht hat. Bestimmt hat Ihr Kind Sie mit seinen Trotzanfällen nicht nur genervt. Oder Ihnen fällt eine Situation ein, bei der Sie beide herzhaft gelacht haben. Erinnern Sie Ihr Kind daran. Loben Sie es für Dinge, die ihm gut gelungen sind. Das macht Ihr Kind froh und ausgeglichen. Umso besser wird es einschlafen.

Tipp 33

Verzögerungstaktik durchschauen

Das Zubettgehritual ist wichtig. Es gibt Ihrem Kind Geborgenheit und Sicherheit. Bleiben Sie beim einmal eingeführten Ritual und verkürzen Sie es nie – auch wenn Sie gerade in Eile sind. Schon die kleinste Abweichung könnte den Abendfrieden stören. Es gibt aber immer mal Phasen, in denen Ihr Kind das Einschlafritual verlängern möchte: noch eine Geschichte, noch ein Küsschen, noch mal trinken, und der Teddy hat auch noch Durst. Vielleicht braucht Ihr Kind im Augenblick etwas mehr Zuwendung. Versuchen Sie herauszufinden, in welchen Situationen Sie ihm tagsüber nicht genug Aufmerksamkeit schenken konnten. Lassen Sie diese Verzögerungsversuche aber nicht ausufern. Noch eine winzige Geschichte oder ein Lied, dann sollte Schluss sein.

Tipp 34

Erleichtern Sie Ihrem Kind das Einschlafen!

Manche Kinder halten ihre Eltern abends pausenlos auf Trab. Auch wenn sie bereits im Bett liegen, rufen sie am laufenden Band nach ihnen. Mama soll ein Monster vertreiben. Das Kind hat Durst. Der Teddy muss zugedeckt werden. Dieses Hin- und Herlaufen zwischen Wohn- und Kinderzimmer kostet Nerven. Aber Schimpfen bringt nichts. Ihr Kind würde nämlich nur noch quengeliger. Sie können aber einiges tun, um Ihrem Kind den Übergang zwischen Tag und Nacht zu erleichtern. Lassen Sie den Tag möglichst ruhig ausklingen. Machen Sie es sich mit Ihrem Kind gemütlich: zusammen auf dem Sofa kuscheln, eine CD mit entspannender Musik hören, Bilderbücher anschauen oder einen kurzen Spaziergang machen.

Tipp 35

Die Zauberfee passt auf

Ein liebevolles Abschlussritual hilft Ihrem Kind beim Übergang zwischen Tag und Traum. Es weiß dann, dass es beruhigt einschlafen kann und keine Angst haben muss. Hier zwei Ideen:

1. Zeichnen Sie einen lächelnden Mond und eine lachende Sonne auf ein Stück Pappe und schneiden Sie sie aus. Legen Sie Mond und Sonne unters Kopfkissen. Sagen Sie Ihrem Kind, dass der Mond nachts aufpasst und dass die Sonne morgen den Tag schön machen wird.

2. Zeichnen Sie eine Fee mit Zaubermantel und Zauberhut auf weißen Tonkarton und schneiden Sie sie aus. Malen Sie die Fee von beiden Seiten bunt aus und verzieren Sie Mantel und Hut mit kleinen Klebesternen. Hängen Sie die Fee ins Fenster. Erzählen Sie Ihrem Kind, dass die Zauberfee keine Gespenster oder Monster durchs Fenster hereinkommen lässt und dass sie nachts auf Ihr Kind aufpasst.

3. Wie Sie Trotz auf Dauer vermeiden können

Wie ausgeprägt die Trotzphase bei einem Kind ist, entscheiden Eltern oft nicht zuletzt durch ihr Verhalten. Trotz gehört zwar zum Kleinkindalter dazu. Doch die Eltern können behutsam gegensteuern, damit der Trotz sich in Grenzen hält. Durch geschicktes Vorausschauen lässt sich nämlich mancher Trotzanfall rechtzeitig abwenden. In diesem Kapitel erfahren Sie, was Ihr Kind braucht, um auf Dauer glücklich und zufrieden zu sein. Es regt Sie aber auch an, einmal an sich selber zu denken. Denn nur wenn Sie sich wohlfühlen, geht es Ihrem Kind gut. Wichtig ist vor allem, dass Ihr Kind spürt: „Meine Eltern haben mich lieb. Sie sind gern mit mir zusammen und interessieren sich für mich." Wenn Sie Ihrem Kind viel Liebe und Zeit schenken, es ernst nehmen, ihm die Freiheit lassen, die es zum Selbstständigwerden braucht, dann zahlt sich das allemal aus. Kinder, denen etwas zugetraut wird, entwickeln ein gesundes Selbstbewusstsein. In diesem Kapitel finden Sie viele Rezepte gegen schlechte Laune. Sie erfahren auch, warum Humor in der Kindererziehung eine so wichtige Rolle spielt. Denn je fröhlicher und ausgeglichener Ihr Kind ist, desto weniger Grund hat es, seinen Willen durch Trotzanfälle durchzusetzen.

Tipp 36

Lassen Sie Ihr Kind möglichst ausreden!

Wenn Sie Ihr Kind als Gesprächspartner respektieren, lernt es, dass seine Meinung für Sie wichtig ist. Das fördert sein Selbstbewusstsein. Hören Sie Ihrem Kind aufmerksam zu und lassen Sie es möglichst ausreden. Sagen Sie ihm keine Wörter vor, wenn es mal ins Stocken gerät. Helfen Sie Ihrem Kind erst weiter, wenn es Sie darum bittet. Reden Sie nicht für Ihr Kind, wenn es dabei ist. Auch wenn es sich Fremden gegenüber schüchtern und zurückhaltend verhält, sollten Sie nicht an seiner Stelle auf Fragen antworten.

Tipp 37

Verbote immer begründen

Wenn Sie für Ihr Kind Regeln und Verbote aufstellen, sollten Sie diese auch begründen. Sagen Sie zum Beispiel: „Du darfst nicht mit schmutzigen Stiefeln durch die Wohnung laufen, weil ich dann wieder putzen muss und keine Zeit habe, mit dir zu spielen.“ Wenn Sie Ihrem Kind erklären, warum Sie etwas verbieten, fühlt es sich ernst genommen. Es merkt allmählich, dass Verbote ihren Grund haben, auch wenn es Ihre Erklärungen anfangs vielleicht nicht versteht. Jedenfalls lernt Ihr Kind mit der Zeit genauer zuzuhören. Es lernt aber auch, dass Ihr Nein wirklich nein bedeutet und dass es mit Trotz nichts erreicht.

Tipp 38

Lassen Sie Ihr Kind mitbestimmen!

Meistens bestimmen Eltern über ihr Kind und entscheiden, wann gegessen oder geschlafen wird und wie der Tagesablauf gestaltet wird. Fragen Sie sich, ob Sie Ihre Forderungen wirklich immer durchsetzen müssen oder ob Sie Ihrem Kind nicht doch ein wenig mehr Freiraum geben können. Hier zwei Beispiele:

1. Muss Ihr Kind sich für eine Familienfeier fein machen lassen? Oder könnte es nicht doch den Pulli anziehen, in dem es sich am wohlsten fühlt?

2. Soll Ihr Kind wirklich auch dann pünktlich zu Bett gehen, wenn seine Lieblingstante zu Besuch kommt?

3. Bestellen Sie für Ihr Kind im Restaurant ein Kindermenü, obwohl es lieber nur Pommes mit Ketchup essen würde?

Tipp 39

Hilfe bei Eifersucht

Manchmal kommt es bei älteren Kindern zu Trotzanfällen, weil sie sich gegenüber dem jüngeren Geschwisterkind zurückgesetzt fühlen. So können Sie Ihrem älteren Kind helfen:

1. Ihr Kind braucht seinen eigenen Bereich und Spielzeug, das ihm allein gehört. Kleinkinder sind überfordert, wenn sie immer alles miteinander teilen müssen.

2. Appellieren Sie nie an die Vernunft Ihres älteren Kindes. Ein Dreijähriges kann nicht ständig Rücksicht auf das jüngere Geschwisterkind nehmen. Bei Kindern, die immer zugunsten des jüngeren Bruders oder der jüngeren Schwester zurückstecken sollen, kommt es häufig zu Trotz.

Tipp 40

Ihr Kind braucht Kontakte

So sehr Ihr Kind Sie auch liebt: Es braucht Kontakte zu anderen Menschen, zu Verwandten und Freunden, bei denen es sich wohlfühlt. Die meisten Kinder mögen gern Besuch und gehen gern auch mal woanders hin. Ihr Kind wird durch solche Kontakte ausgeglichener. Es macht bei Freunden andere Erfahrungen als zu Hause. Das fördert seine Toleranz und sein Verständnis für die Menschen in seiner Umgebung. Geben Sie Ihrem Kind Gelegenheit, Freunde aus dem Kindergarten oder der Spielgruppe zu besuchen. Laden Sie andere Kinder zu sich ein. Halten Sie regelmäßig Kontakt zu den Großeltern, zu anderen Verwandten oder Freunden.

Tipp 41

Verschaffen Sie Ihrem Kind Erfolgserlebnisse!

Unterstützen Sie Ihr Kind beim Selbstständigwerden. Lassen Sie es eigene Erfahrungen machen. Denn jedes Kind braucht Erfolgserlebnisse. Je mehr Sie Ihrem Kind zutrauen und je mehr es selber ausprobieren darf, desto sicherer wird sein Gefühl dafür, was es sich schon zutrauen kann. Natürlich gehören auch Niederlagen dazu. Wenn Ihr Kind sich zum ersten Mal aufs Klettergerüst wagt, wissen Sie nicht, ob es nicht doch herunterfällt. Auf Dauer können Sie Ihr Kind vor schmerzlichen Erfahrungen nicht schützen. Sie gehören dazu. Beulen und Blessuren helfen Ihrem Kind, seine Grenzen zu erkennen. Wichtig ist, dass Ihr Kind weiß: Da ist immer jemand, der mich tröstet, wenn ich doch mal auf die Nase falle oder etwas schief geht.

Tipp 42

Einfach die Wut wegwerfen

Durch kleine Spiele können Sie Ihr Kind vom Trotz ablenken. Wenn Sie merken, dass es Ihrem Kind nicht so gut geht, könnten Sie ihm folgende Wut-Wegwerf-Spiele vorschlagen:

1. Du schreist jetzt deine Wut in diese kleine Dose, und wir vergraben sie ganz tief im Sand, sodass die Wut nicht mehr heraus kann.

2. Du spuckst deine Wut in diese Regenpfütze, und wir trampeln so lange mit Gummistiefeln in der Pfütze herum, bis das Wasser in alle Richtungen spritzt.

3. Du malst deine Wut auf einen dicken Stein, und wir werfen ihn ganz weit fort, sodass wir den Wutstein nicht mehr sehen können.

Tipp 43

Geben Sie dem Miese-peter keine Chance!

Es regnet Bindfäden, Ihr Kind hat schlechte Laune. Bevor die miese Stimmung ihren Höhepunkt erreicht, sollten Sie sie mit lustigen Spielen stoppen.

1. Stellen Sie sich beide vor den Spiegel und schneiden Sie lustige Grimassen.

2. Vermischen Sie eine Tasse Mehl, eine Tasse Salz, 2 Esslöffel Öl und etwas warmes Wasser und rühren Sie alles kräftig um, bis ein fester Teig entsteht. Ihr Kind darf den Teig kneten, schlagen, auf den Tisch werfen und Kugeln oder Würste daraus formen.

3. Malen Sie auf jede Seite einer alten Zeitung ein Strichmännchen. Erklären Sie Ihrem Kind, dass dies die kleinen Miesepeter sind. Sie können Eltern und Kinder in Miesepeter verzaubern, die immer schlechte Laune haben. Damit das nicht passiert, soll Ihr Kind die Zeitung zerreißen und zerknüllen.

Tipp 44

„Du bist einfach super!“

Sie können Ihr Kind gar nicht oft genug loben. Sagen Sie ihm, wie hilfsbereit und aufmerksam es ist. Je öfter Sie positive Eigenschaften herausstellen, desto eher wird Ihr Kind sich dieses Verhalten auf Dauer aneignen. Setzen Sie Ihr Kind mit Ihrem Lob aber nicht unter Druck, indem Sie es anspornen, eine Sache noch besser zu machen.

Tipp 45

Dem Ärger auf der Spur

Je mehr Ruhe und Gelassenheit Sie ausstrahlen, desto friedlicher wird Ihr Kind auf Dauer sein. Denken Sie einmal darüber nach, wann es öfter zu kritischen Situationen im Alltag kommt. Fragen Sie sich, warum an manchen Tagen alles glatt läuft und an anderen scheinbar alles daneben geht. Es sind oft Kleinigkeiten, die zu schlechter Laune führen. Beispiele: Hektik im Familienalltag, liegen gebliebene Arbeit, Ärger im Beruf oder mit dem Partner, Übermüdung, Vernachlässigung eigener Interessen. Versuchen Sie, daran etwas zu verändern. Sie werden besser Klarheit gewinnen, wenn Sie sich ehrlich folgende Fragen beantworten und nach Lösungswegen suchen:

Wann kommt es am häufigsten zu Konflikten mit meinem Kind – morgens vor dem Kindergarten, beim Einkaufen, beim Mittagessen, vor dem Zubettgehen?

Wann klappt es zwischen uns besonders gut?

Was machen mein Kind und ich am liebsten gemeinsam?

Was könnte helfen, damit es erst gar nicht zu Stress kommt?

Tipp 46

Ihr Kind mag Geheimniskrämerei

Kinder lieben Überraschungen und Geheimniskrämerei. Sie lassen sich dadurch gut von ihrem Ärger ablenken. Hier einige Ideen:

1. Weihen Sie Ihr Kind feierlich in ein ganz besonderes Geheimnis ein. Vielleicht verraten Sie ihm, was Sie jemand anderem zum Geburtstag schenken: „Aber bitte nichts weitersagen!“

2. Erfinden Sie eine Farben-Zeichensprache. Schneiden Sie aus Tonkarton in Rot, Gelb und Grün Kreise aus, stanzen Sie ein Loch hinein und ziehen Sie ein Band zum Aufhängen durch. Hängen Sie hin und wieder einen Kreis an der Küchentür auf. Und das bedeuten die Farben:

Rot: In der Küche wartet eine kleine Überraschung auf dich.
Gelb: Du darfst bestimmen, was wir heute Nachmittag machen.
Grün: Heute gibt es dein Lieblingsessen.

Tipp 47

Erzählen Sie Ihrem Kind von früher!

Kinder unternehmen gern Reisen in die Vergangenheit. Sie können nicht genug von Erzählungen aus der Kindheit ihrer Eltern und Großeltern bekommen. Stöbern Sie, wann immer Ihr Kind Lust dazu hat, in alten Fotoalben. Lassen Sie auch die Großeltern von früher erzählen. Zeigen Sie Ihrem Kind Fotos, auf denen es ganz klein ist. Es erfährt dabei: „Mama und Papa und auch Oma und Opa haben mich immer schon lieb gehabt. Auf den Fotos sehen alle fröhlich aus. Sie waren gern mit mir zusammen – auch als ich noch ganz klein war." Es tut Ihrem Kind auch gut, wenn Sie von der Zeit erzählen, als Sie selbst noch ein Kind waren. Es staunt dann, dass Sie Angst vor großen Jungen hatten oder dass Sie sich immer unter dem Tisch versteckt haben, wenn Besuch kam. Ihr Kind lernt dabei: „Meine Mama und mein Papa waren auch mal klein – so wie ich heute. Sie hatten die gleichen Ängste. Und heute sind sie groß und haben keine Angst mehr. Irgendwann werde ich auch mal so wie Mama und Papa sein."

Tipp 48

Geschichten tun Ihrem Kind gut

Geschichten aus der Alltagswelt Ihres Kindes helfen ihm, mit Problemen besser fertig zu werden. Es identifiziert sich mit dem kleinen Vogel, der so sauer auf seine Vogelmama ist, dass er kopfüber aus dem Nest fällt. Ihr Kind hört interessiert zu, wenn Sie ihm von einem kleinen Jungen erzählen, der immer genau das Gegenteil von dem tat, was seine Mama wollte. Solche Geschichten tun Ihrem Kind gut. Es hört, dass auch andere kleine Leute lernen müssen, sich in der Welt der Großen zu behaupten. Die Geschichten enthalten aber auch eine wichtige Botschaft: Ganz gleich, was passiert: Es ist immer jemand da, der hilft und einspringt.

Tipp 49

Behandeln Sie Ihr Kind höflich!

Streichen Sie Sätze wie „Du bist wieder mal ungenießbar“ oder „Du störst“ oder „Du machst mich fix und fertig“ aus Ihrem Wortschatz. Denn solche negativen Äußerungen bleiben bei Ihrem Kind haften. Sie verletzen es und geben ihm das Gefühl, dass Sie es nicht mögen. Erklären Sie Ihrem Kind, was Sie von ihm erwarten. Ein Beispiel: Sie sitzen gerade an einem wichtigen Brief, der heute noch zur Post muss. Das Postamt schließt in einer halben Stunde. Der Zeitdruck ist groß. Natürlich sind Sie nervös. Ihre Nervosität überträgt sich auf Ihr Kind. Es ist unruhig, stört Sie ständig. Sie könnten sagen: „Ich möchte diesen Brief noch fertig schreiben. Dann gehen wir zusammen zur Post und anschließend zum Spielplatz mit der tollen Rutsche. Denn der liegt auf dem Weg. Das geht aber nur, wenn du jetzt noch eine Weile allein spielst, damit wir es schaffen, bis das Postamt schließt.“ Wenn Sie versuchen, immer höflich und gelassen zu bleiben, erweisen Sie Ihrem Kind Respekt, und es spürt Ihre Wertschätzung.

Tipp 50

Zeigen Sie Mitgefühl und Verständnis!

Ob ein Kindergartenfreund nicht mehr mit Ihrem Kind spielen möchte oder ob ein Spielzeug kaputt ist: Sein Kummer ist größer als Sie glauben. Was für Eltern oft eine Bagatelle ist, bedeutet für ein Kind eine Katastrophe. Zeigen Sie Ihrem Kind, dass Sie seinen Kummer ernst nehmen – durch viel Mitgefühl, Verständnis und liebevollen Trost. Sagen Sie etwa: „Es ist schlimm für dich, dass dein Spielzeug kaputt ist. Ich kann gut verstehen, dass du traurig bist. Ich war auch einmal so traurig wie du jetzt. Da hat meine Mama mich in den Arm genommen und getröstet. Das hat mir sehr geholfen. Bestimmt hilft es dir jetzt auch, wenn ich dich in den Arm nehme. Und morgen bringen wir dein Spielzeug zum Opa. Der hat immer so tolle Ideen und kann es vielleicht reparieren."

Tipp 51

Entspannung hilft gegen Wut

Wenn Sie spüren, dass Sie selbst nervös sind und Ihr Kind damit anstecken, sollten Sie etwas unternehmen. Versuchen Sie, sich gemeinsam zu entspannen. Legen Sie sich nebeneinander auf eine weiche Decke und laden Sie Ihr Kind zu einer Fantasiereise ein. „Stell dir vor, wir zwei wären Vögel, wir sitzen auf dem großen Apfelbaum in unserem Garten. Was sehen wir? Unser Haus, einen anderen Vogel auf dem Dach. Wir sehen eine dicke Wolke, die am Schornstein vorüberzieht. Wo mag sie nur hinziehen? Komm, wir fliegen ihr hinterher! Wir sehen unter uns Häuser und Autos. Sie sind so klein wie Spielzeug. Und nun fliegen wir fort von hier – dorthin, wo du schon immer mal hin wolltest. Schau dir alles genau an. Und wenn wir wieder gelandet sind, erzählst du mir, was du alles gesehen hast. Nun fliegen wir zurück und landen auf unserem Apfelbaum."

Tipp 52

So vermeiden Sie auf Dauer Stress

Gewöhnen Sie sich an, sich auf alles, was Sie gerade tun, ganz zu konzentrieren. Es kommt nämlich oft zu Stress, wenn man zu viele Dinge auf einmal erledigen möchte. Beginnen Sie also erst mit der nächsten Aufgabe, wenn Sie die erste beendet haben. Konzentrieren Sie sich auch, wenn Sie mit Ihrem Kind spielen, ganz auf dieses eine Spiel. Schauen Sie nicht nervös auf die Uhr, weil Sie schon wieder an Ihre Arbeit denken. Kinder merken sehr schnell, wenn Eltern nicht bei der Sache sind. Sie werden dann unzufrieden und unruhig.

Tipp 53

Lassen Sie es sich gut gehen!

Wenn Sie zufrieden sind, geht es Ihrem Kind auch gut. Sorgen Sie deshalb öfter für Ihr eigenes Wohlergehen.
Machen Sie es sich abends richtig gemütlich. Zünden Sie Kerzen an. Hören Sie dazu entspannende Musik. Geben Sie ein paar Tropfen eines Duftöls in eine Aromalampe. Sie werden sehen, wie gut Sie dabei entspannen können.

Nehmen Sie ein Bad! Baden Sie so heiß, wie Sie es vertragen können. Ein solches Bad ist Balsam für Körper und Seele. Hier die Rezeptur: 100 ml Sahne, 4 Tropfen Lavendelöl und 2 Tropfen Orangenöl ins laufende Badewasser geben.

Gönnen Sie sich selbst hin und wieder etwas Besonderes: ein Buch, eine CD mit Ihrer Lieblingsmusik, einen Strauß Blumen, Kino, Theater oder Konzert oder einen Geschäftsbummel.

Tipp 54

Nehmen Sie eine kurze Auszeit!

Mütter und Väter sind nicht immer gleich gut aufgelegt. Schlafmangel, Arbeitsüberlastung oder Kummer führen zu Stress und tragen dazu bei, dass die Toleranzgrenze sinkt. Eltern können dann nicht mehr souverän bleiben. Da reicht der berühmte Tropfen, der das Fass zum Überlaufen bringt. Die Mutter brüllt das trotzige Kind an. Oder sie gibt ihm sogar einen Klaps auf den Po. Es ist wichtig, frühzeitig gegenzusteuern, um die Kontrolle über die eigene Wut zu behalten. Nehmen Sie sich hin und wieder kurze Auszeiten, wenn Ihnen der Stress mit Ihrem Kind über den Kopf zu wachsen droht. Rufen Sie jemanden an, der Ihr Kind kurzfristig für ein, zwei Stunden betreuen kann. Machen Sie allein einen ausgiebigen Spaziergang oder besuchen Sie eine Freundin.

Tipp 55

Lachen ist Nahrung für die Seele Ihres Kindes

Lachen Sie so viel wie möglich mit Ihrem Kind, denn Lachen ist Nahrung für seine Seele. Es lässt die Welt bunter aussehen. Hier einige lustige Spielideen, mit denen Sie Ihr Kind zum Lachen bringen können:

1. Zu folgendem Vers klatschen Sie und Ihr Kind abwechselnd in die eigenen Hände und dann gegen die Hände des anderen:

Oh muni muni mei,
makkaroni vitschi dei,
vitschi dei dei dei,
papagei gei gei.

2. Verwandeln Sie sich in eine Gans und befestigen Sie mit Klebeband möglichst viele Papierstreifen an Pulli und Hose. Ihr Kind soll das Gänschen rupfen. Das ist aber nicht so einfach, weil die Gans sehr schnell laufen kann.

3. Ihr Kind stellt sich mit dem Rücken zu Ihnen auf Ihre Füße. Sie fassen es an den Händen, und dann geht's mit Riesenschritten durch die ganze Wohnung.

Printed in Germany

ISBN 3-419-53436-1

Cover und Layoutentwurf: Network!, München
Layout und Gesamtproduktion: smp, Freiburg
Lektorat: Anima Kröger, Freiburg
Fotos: Heidi Velten: S. 3; Ulrich Niehoff: S. 5, 18; Jutta Weser: S. 32
Titelfoto: Miguel Perez
Illustrationen: Klaus Puth, Frankfurt
Druck: Himmer, Augsburg

WEITERE TIPPS...

wenn Ihr Kind trotzt

Margret Nußbaum
Trotz lass nach!
ISBN 3-419-53314-4
€ 12,90 / sFr 23,50

Thomas Kaiser
Bleib bei mir, wenn ich wütend bin
ISBN 3-419-53301-2
€ 12,90 / sFr 23,50